SEMENTE

ISBN 978-85-7341-625-1
3ª Edição
Junho/2014

Copyright © 1993
Instituto de Difusão Espírita

Conselho Editorial:
Hércio Marcos Cintra Arantes
Doralice Scanavini Volk
Wilson Frungilo Júnior

Projeto Editorial:
Jairo Lorenzeti

Revisão de texto:
Mariana Frungilo

Projeto Gráfico:
César França de Oliveira

INSTITUTO DE DIFUSÃO ESPÍRITA
Av. Otto Barreto, 1067 - Cx. Postal 110
CEP 13600-970 - Araras/SP - Brasil
Fone (19) 3543-2400
CNPJ 44.220.101/0001-43
Inscrição Estadual 182.010.405.118

www.ideeditora.com.br
editorial@ideeditora.com.br

FICHA CATALOGRÁFICA

(Preparada na Editora)

X19s	Xavier, Francisco Cândido, - Semente / Francisco Cândido Xavier, Espírito Emmanuel. Araras, SP, Araras, SP, IDE, 3ª Edição, 2014 88 p. ISBN 978-85-7341-625-1 1. Espiritismo. 2. Psicografia - Mensagens. I.Título. CDD-133.9 133.91

Índices para catálogo sistemático:
1. Espiritismo 133.9
2. Psicografia: Mensagens: Espiritismo 133.91

Todos os direitos reservados.
Nenhuma parte desta publicação pode ser
reproduzida, armazenada ou transmitida, total ou
parcialmente, por quaisquer métodos ou processos,
sem autorização do detentor do copyright.

CHICO XAVIER
EMMANUEL

A semente pequenina
é a base da floresta

ide

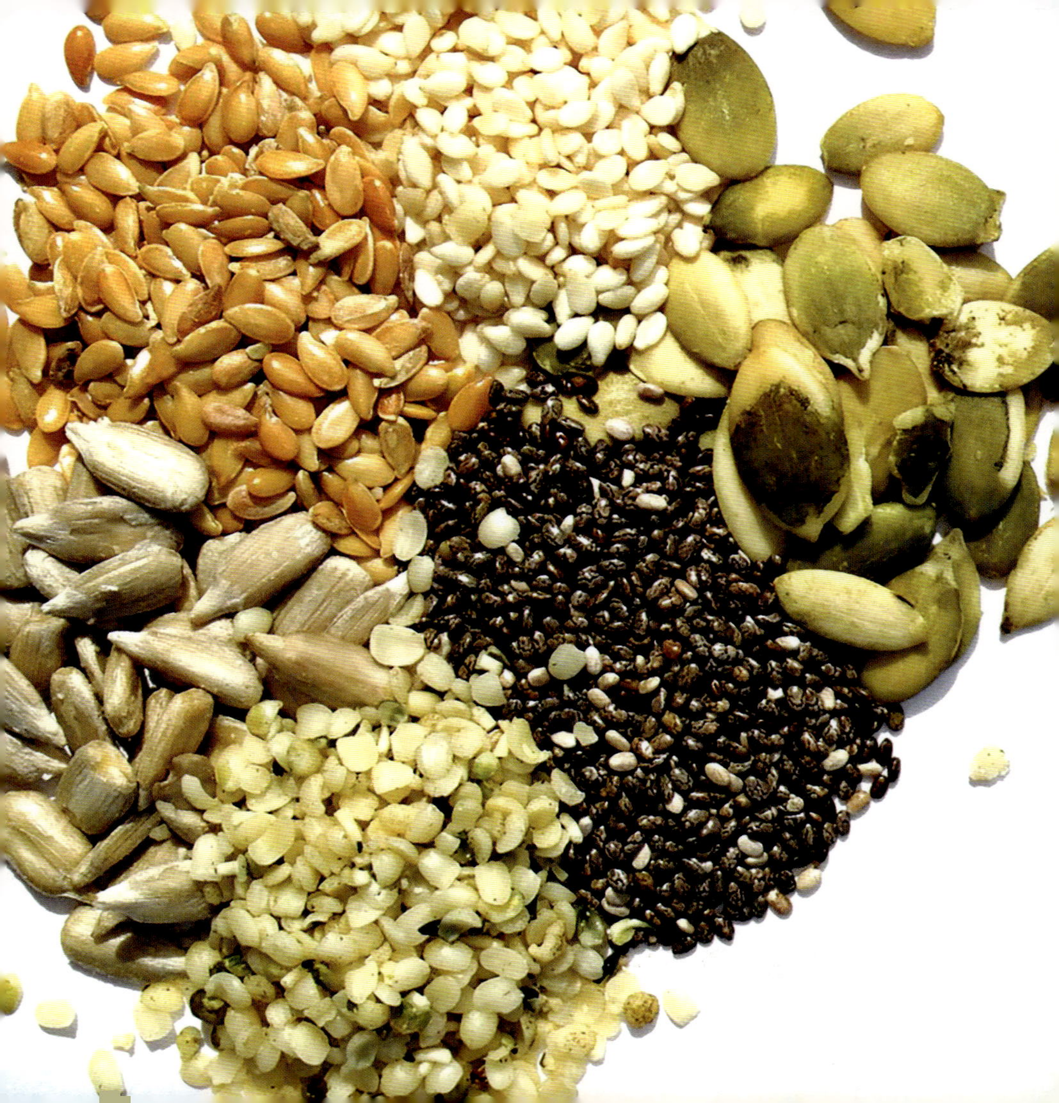

COMPARAÇÃO

Este livro é comparado à semente pequenina,
mas a semente pequenina é a base da floresta.

Emmanuel

I

As almas, na essência, são semelhantes às plantas no solo do mundo.

Observa, desse modo, o que produzes.

I

As almas, na essência, são semelhantes às plantas no solo do mundo.

Observa, desse modo, o que produzes.

Chico Xavier | Emmanuel

II

Não vale afirmar sem exemplo, nem sonhar sem trabalho.

II

Não vale afirmar sem exemplo,
nem sonhar sem trabalho.

Chico Xavier | Emmanuel

Não é tanto a dádiva de tua abastança ou o valor de tua cultura que importam no serviço de elevação e aprimoramento da paisagem que te rodeia.

III

É o modo que passas a exprimí-los, cedendo de ti mesmo naquilo que o Senhor te emprestou para distribuir.

Não é tanto a dádiva de tua abastança ou o valor de tua cultura que importam no serviço de elevação e aprimoramento da paisagem que te rodeia.

III

É o modo que passas a exprimí-los, cedendo de ti mesmo naquilo que o Senhor te emprestou para distribuir.

Chico Xavier | Emmanuel

IV

Penúria e riqueza, na essência, não constam dos elementos que possuímos, mas do sentimento que nos possui.

IV

Penúria e riqueza, na essência, não constam dos elementos que possuímos, mas do sentimento que nos possui.

Chico Xavier | Emmanuel

V

Observa o que desejas e o que fazes, a fim de que ajuízes, com segurança, sobre a felicidade que procuras.

V

Observa o que desejas e o que fazes, a fim de que ajuízes, com segurança, sobre a felicidade que procuras.

Chico Xavier | Emmanuel

VI

Quanto puderes, mantém-te no grupo doméstico do Evangelho.

A grande lavoura, no campo enorme, não prescinde do viveiro minúsculo para as sementes.

VI

Quanto puderes, mantém-te no grupo doméstico do Evangelho.

A grande lavoura, no campo enorme, não prescinde do viveiro minúsculo para as sementes.

Chico Xavier | Emmanuel

VII

Cada dia, na Terra, a vida se nos recomeça no coração.

VII

Cada dia, na Terra, a vida se nos recomeça no coração.

Chico Xavier | Emmanuel

VIII

O mundo é a materialização do Pensamento Divino, e a Natureza é o trono da sabedoria sem palavras em que as Leis do Senhor se manifestam.

VIII

O mundo é a materialização do Pensamento Divino, e a Natureza é o trono da sabedoria sem palavras em que as Leis do Senhor se manifestam.

Chico Xavier | Emmanuel

IX

Geralmente, todos os nossos adversários, na essência, são nossos instrutores.

IX

Geralmente, todos os nossos adversários, na essência, são nossos instrutores.

Chico Xavier / Emmanuel

X

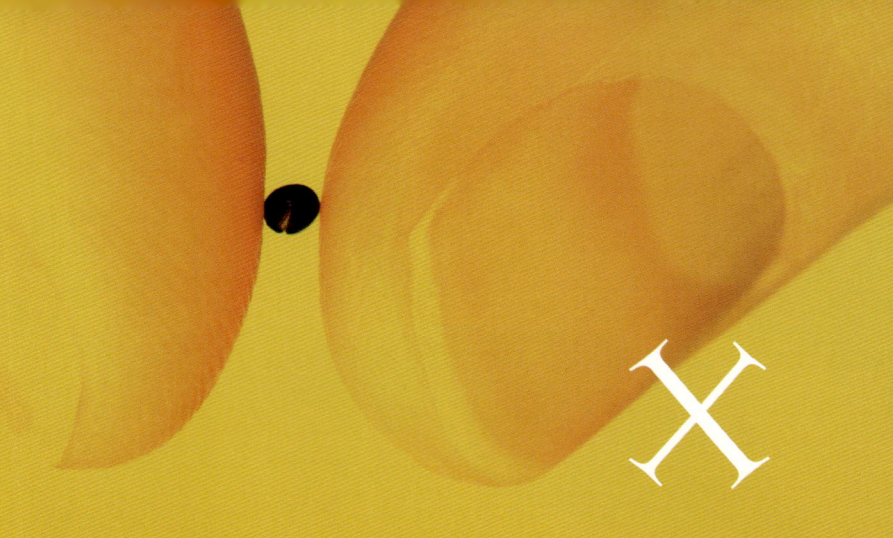

Não precisamos remontar a existências passadas para sondar a nossa cultura de desequilíbrio e sofrimento.

Basta analisar as nossas tendências e escolhas na peregrinação de cada dia.

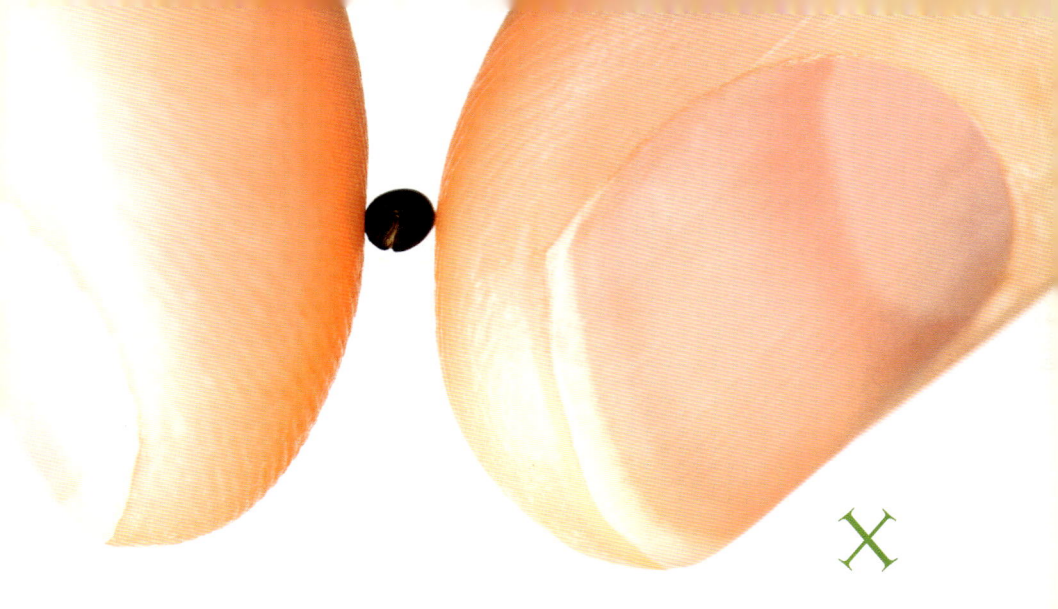

Não precisamos remontar a existências passadas para sondar a nossa cultura de desequilíbrio e sofrimento.

Basta analisar as nossas tendências e escolhas na peregrinação de cada dia.

Chico Xavier | Emmanuel

XI

Não permitas que o dinheiro te tome o coração, usando-te a existência, qual despótico senhor, e sim conduzamo-lo, através da utilidade, do entendimento, da beneficência e cooperação no bem.

XI

Não permitas que o dinheiro te tome o coração, usando-te a existência, qual despótico senhor, e sim conduzamo-lo, através da utilidade, do entendimento, da beneficência e cooperação no bem.

Chico Xavier | Emmanuel

A pobreza é mera ficção.
Todos temos algo.
Todos podemos auxiliar.
Todos podemos servir.

XII

E consoante a palavra do Mestre,
"o maior na vida será sempre
aquele que se fizer o devotado
servidor de todos."

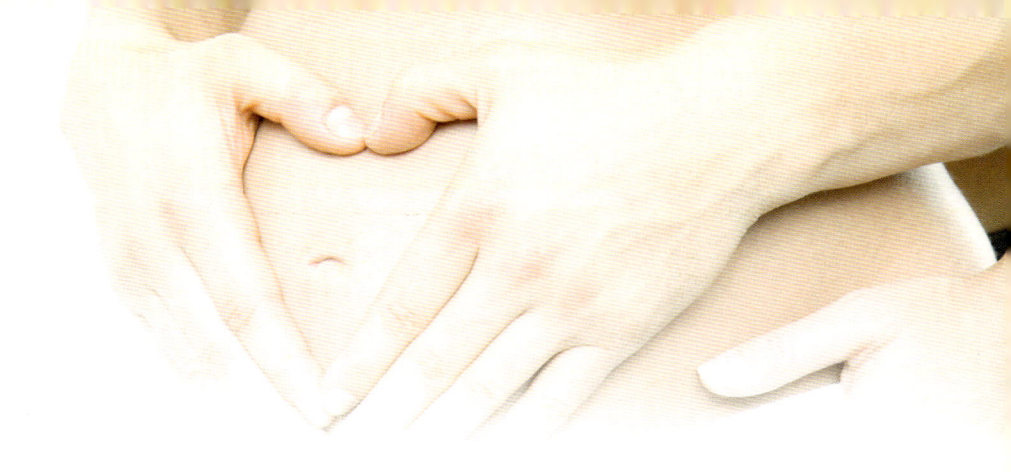

XII

A pobreza é mera ficção. Todos temos algo. Todos podemos auxiliar. Todos podemos servir. E consoante a palavra do Mestre, "o maior na vida será sempre aquele que se fizer o devotado servidor de todos."

Chico Xavier | Emmanuel

XIII

Ninguém se elevará para Deus, humilhando ou perturbando, no campo infeliz da discórdia e da crueldade, ainda mesmo que o nome do Senhor lhes marque a visitação e lhes cintile na boca.

XIII

Ninguém se elevará para Deus, humilhando ou perturbando, no campo infeliz da discórdia e da crueldade, ainda mesmo que o nome do Senhor lhes marque a visitação e lhes cintile na boca.

Chico Xavier | Emmanuel

XIV

Cada pessoa que te busca é alguém que regressa de longe para auxiliar-te na edificação da felicidade ou para auxiliar-te no aprimoramento interior que necessitas desenvolver.

XIV

Cada pessoa que te busca é alguém que regressa de longe para auxiliar-te na edificação da felicidade ou para auxiliar-te no aprimoramento interior que necessitas desenvolver.

Chico Xavier | Emmanuel

XV

Por vezes, moléstias do corpo
e impedimentos do sangue,
mutilações e defeitos, inquietações
e deformidades, fobias complexas
e deficiências inúmeras
constituem pontos de
corrigenda do nosso passado
que hoje nos restauram à
frente do futuro.

XV

Por vezes, moléstias do corpo e impedimentos do sangue, mutilações e defeitos, inquietações e deformidades, fobias complexas e deficiências inúmeras constituem pontos de corrigenda do nosso passado que hoje nos restauram à frente do futuro.

Chico Xavier | Emmanuel

XVI

Observa.
Nunca sabemos se a nossa humildade vive emoldurada no orgulho e nunca podemos precisar até que ponto caminha a nossa caridade sem o travão do egoísmo.

XVI

Observa.
Nunca sabemos se a nossa humildade vive emoldurada no orgulho e nunca podemos precisar até que ponto caminha a nossa caridade sem o travão do egoísmo.

Chico Xavier | Emmanuel

XVII

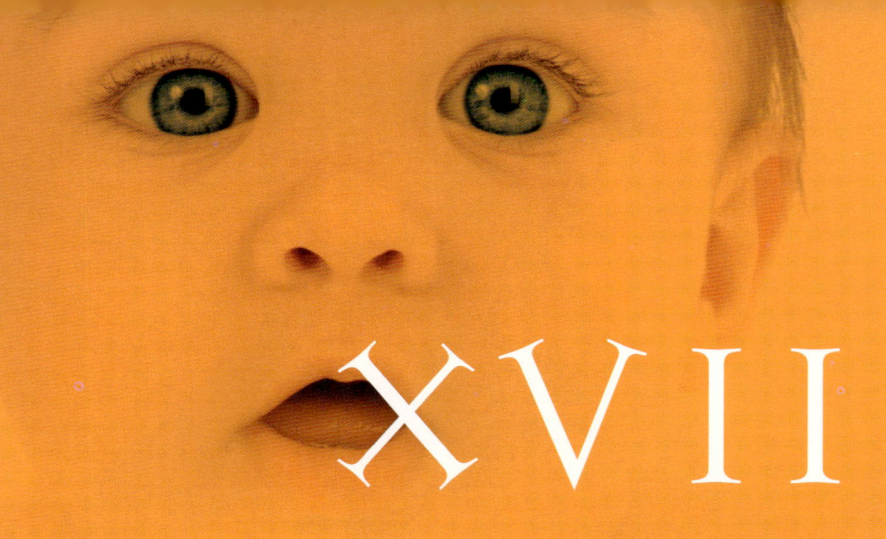

Enquanto alimentarmos o mal em nossos pensamentos, palavras e ações, estaremos sob os choques de retorno das nossas próprias criações dentro da vida.

XVII

Enquanto alimentarmos o mal em nossos pensamentos, palavras e ações, estaremos sob os choques de retorno das nossas próprias criações dentro da vida.

Chico Xavier | Emmanuel

XVIII

À maneira do martelo que, tangendo a pedra, acaba aperfeiçoando-lhe os contornos ou salientando-lhe a beleza, aquele que se coloca em oposição à nossa maneira de crer, sentir ou pensar, frequentemente é fator de estímulo à elevação de nossos dotes pessoais.

XVIII

À maneira do martelo que, tangendo a pedra, acaba aperfeiçoando-lhe os contornos ou salientando-lhe a beleza, aquele que se coloca em oposição à nossa maneira de crer, sentir ou pensar, frequentemente é fator de estímulo à elevação de nossos dotes pessoais.

Chico Xavier | Emmanuel

A Justiça edifica a penitenciária.
O Amor levanta a escola.
A Justiça tece o grilhão.
O Amor traz a bênção.

XIX

Quem fere a outrem encarcera-se nas consequências da própria atitude.
Quem auxilia adquire o tesouro da simpatia.
Quem perdoa eleva-se.
Quem se vinga desce aos despenhadeiros da sombra.

A Justiça edifica a penitenciária.
O Amor levanta a escola.
A Justiça tece o grilhão.
O Amor traz a bênção.

XIX

Quem fere a outrem encarcera-se nas consequências da própria atitude.
Quem auxilia adquire o tesouro da simpatia.
Quem perdoa eleva-se.
Quem se vinga desce aos despenhadeiros da sombra.

Chico Xavier | Emmanuel

XX

Não é a beleza da forma que cria o fel do desencanto.

É a vaidade que provoca o desequilíbrio.

XX

Não é a beleza da forma que cria o fel do desencanto.

É a vaidade que provoca o desequilíbrio.

Chico Xavier | Emmanuel

XXI

Quem será mais rico de verdadeira felicidade: o homem que agoniza sobre um monte de ouro ou aquele que pode respirar os perfumes do vale, entre a paz do trabalho e a misericórdia da luz?

XXI

Quem será mais rico de verdadeira felicidade: o homem que agoniza sobre um monte de ouro ou aquele que pode respirar os perfumes do vale, entre a paz do trabalho e a misericórdia da luz?

Chico Xavier | Emmanuel

XXII

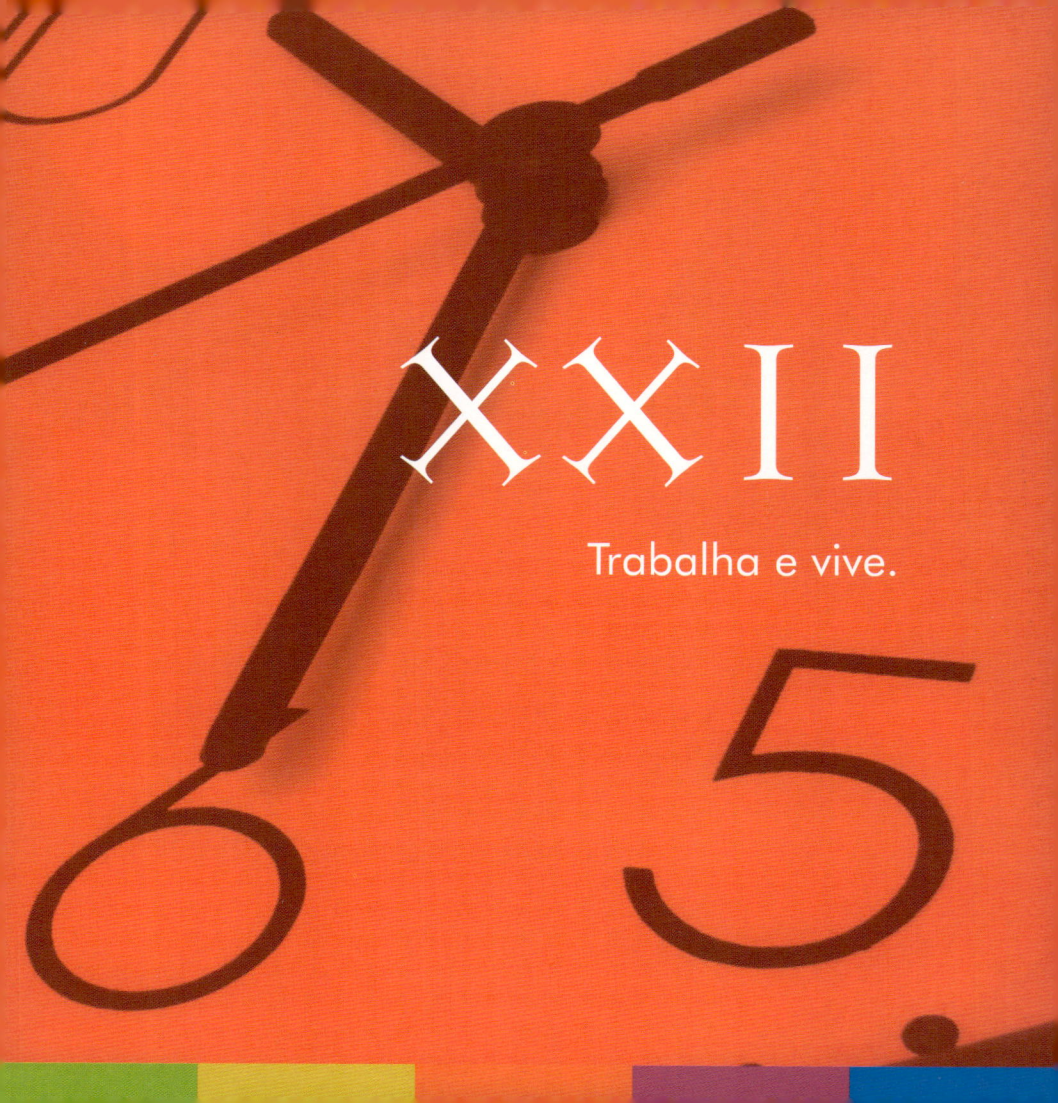

Trabalha e vive.

XXII

Trabalha e vive.

Chico Xavier | Emmanuel

XXIII

A atitude é o fator de fixação
dos sentimentos no vasto
caminho humano.

XXIII

A atitude é o fator de fixação
dos sentimentos no vasto
caminho humano.

Chico Xavier | Emmanuel

Auxiliar aos outros é recomendação do Céu e, em razão disso, auxiliemos sempre, seja amparando a um companheiro

XXIV

infeliz, protegendo uma fonte ameaçada pela secura ou plantando uma árvore benfeitora que amanhã falará por nós à margem do caminho.

XXIV

Auxiliar aos outros é recomendação do Céu e, em razão disso, auxiliemos sempre, seja amparando a um companheiro infeliz, protegendo uma fonte ameaçada pela secura ou plantando uma árvore benfeitora que amanhã falará por nós à margem do caminho.

Chico Xavier | Emmanuel

Não te demores no prazer que hoje apenas te suscita gargalhadas, pois amanhã poderá transformar-se em amargosa penitência.

XXV

Procuremos em Jesus a felicidade que ainda não está completamente neste mundo, para que este mundo se levante para a felicidade perfeita.

Não te demores no prazer que hoje apenas te suscita gargalhadas, pois amanhã poderá transformar-se em amargosa penitência.

XXV

Procuremos em Jesus a felicidade que ainda não está completamente neste mundo, para que este mundo se levante para a felicidade perfeita.

Chico Xavier | Emmanuel

Ser grande à frente dos homens é sempre fácil. A astúcia consegue semelhante fantasia sem qualquer obstáculo.

XXVI

Mas ser pequenino diante das criaturas para servirmos realmente aos interesses do Senhor, junto da Humanidade, é trabalho de raros.

XXVI

Ser grande à frente dos homens é sempre fácil. A astúcia consegue semelhante fantasia sem qualquer obstáculo.

Mas ser pequenino diante das criaturas para servirmos realmente aos interesses do Senhor, junto da Humanidade, é trabalho de raros.

Chico Xavier | Emmanuel

XXVII

Há ricos que são maravilhosamente pobres de avareza, e encontramos pobres que são lamentavelmente ricos de sovinice.

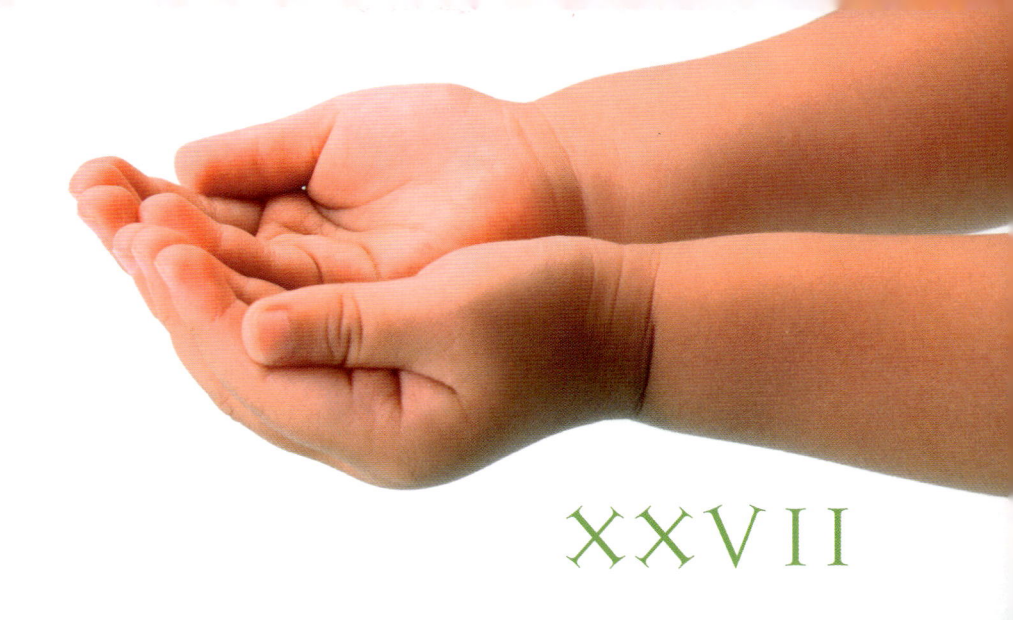

XXVII

Há ricos que são maravilhosamente pobres de avareza, e encontramos pobres que são lamentavelmente ricos de sovinice.

Chico Xavier | Emmanuel

XXVIII

Quem deseje avançar para a Luz, aprenda a desculpar, infinitamente, porque o Céu da liberdade ou o inferno da condenação residem na intimidade de nossa própria consciência.

XXVIII

Quem deseje avançar para a Luz,
aprenda a desculpar, infinitamente,
porque o Céu da liberdade ou o
inferno da condenação residem
na intimidade de nossa própria
consciência.

Chico Xavier | Emmanuel

XXIX

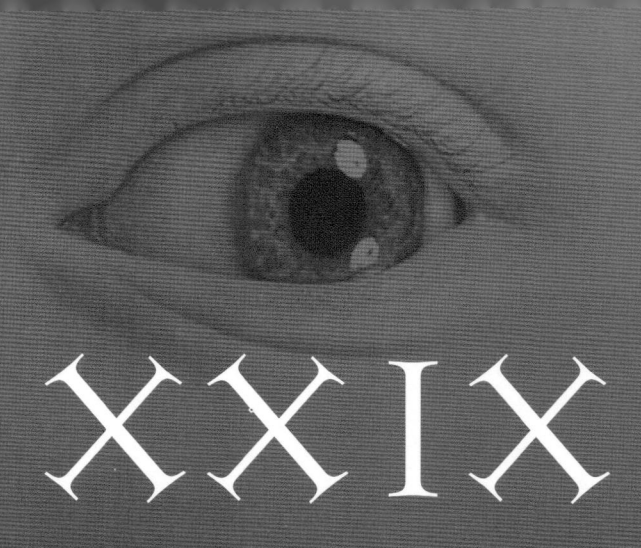

Todos enxergam alguma coisa na vida comum, entretanto, raros sabem ver.

XXIX

Todos enxergam alguma coisa
na vida comum, entretanto,
raros sabem ver.

Chico Xavier | Emmanuel

XXX

A língua revela o conteúdo do coração.

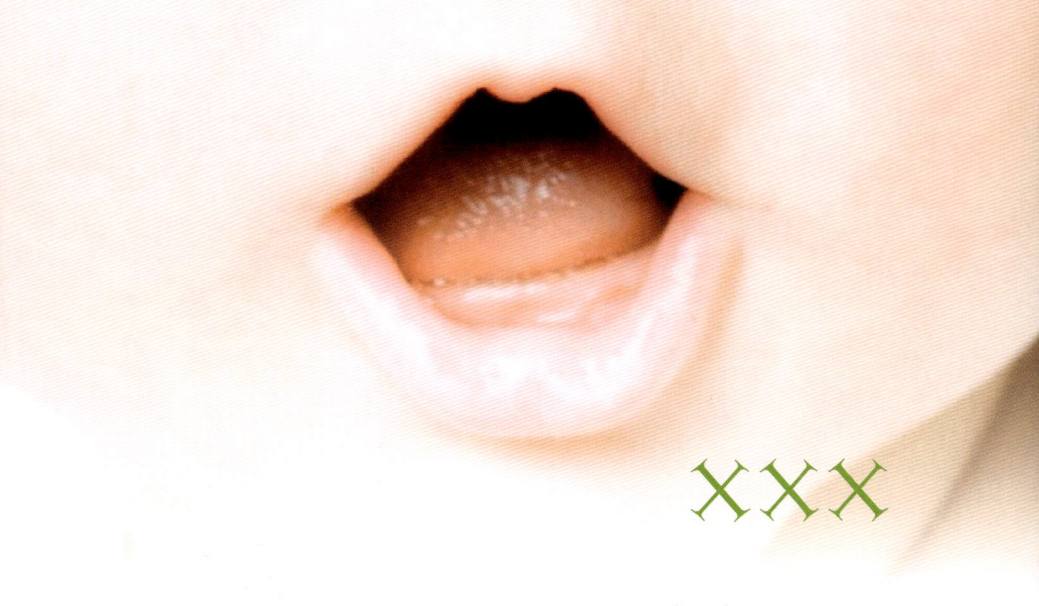

XXX

A língua revela o conteúdo do coração.

Chico Xavier | Emmanuel

XXXI

Hoje, teremos colaborado menos no serviço do bem, no entanto, reconhecendo isso, amanhã ser-nos-á possível fazer mais.

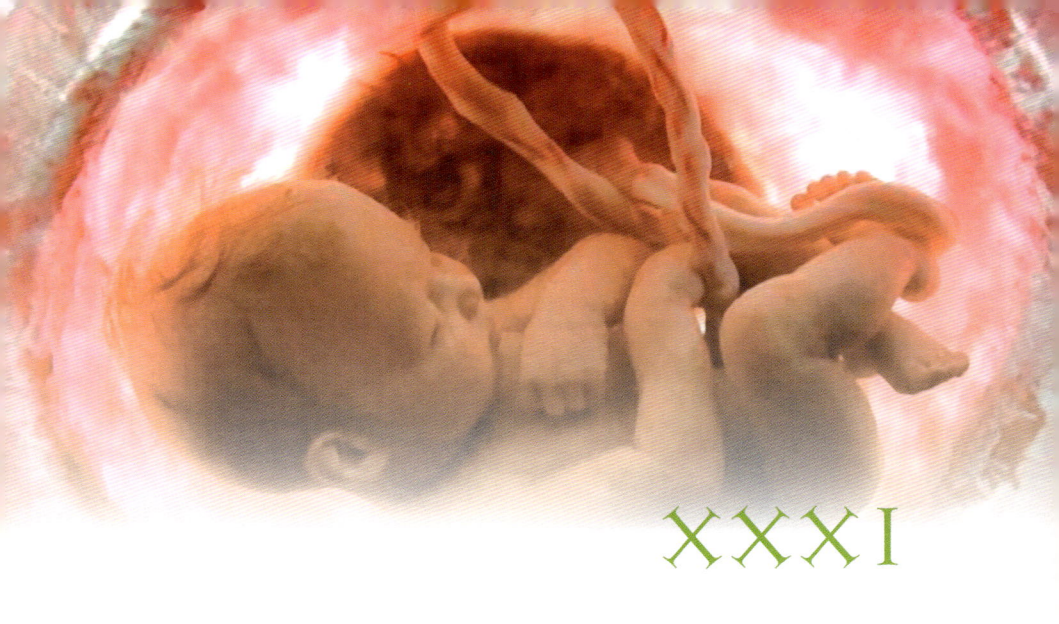

XXXI

Hoje, teremos colaborado menos no serviço do bem, no entanto, reconhecendo isso, amanhã ser-nos-á possível fazer mais.

Chico Xavier | Emmanuel

XXXII

Quase sempre, cada sofrimento é uma sombra que estendeste no passado e que volta ao presente, a fim de que a transformes em luz.

XXXII

Quase sempre, cada sofrimento é uma sombra que estendeste no passado e que volta ao presente, a fim de que a transformes em luz.

Chico Xavier | Emmanuel

XXXIII

Sê complacente
e usa a misericórdia
para que a Paz Divina
permaneça contigo,
à maneira de luz
que te guarde hoje e sempre.

XXXIII

Sê complacente
e usa a misericórdia
para que a Paz Divina
permaneça contigo,
à maneira de luz
que te guarde hoje e sempre.

Chico Xavier | Emmanuel

XXXIV

Para saber pedir com segurança,
é imprescindível saber dar.

XXXIV

Para saber pedir
com segurança,
é imprescindível
saber dar.

Chico Xavier | Emmanuel

XXXV

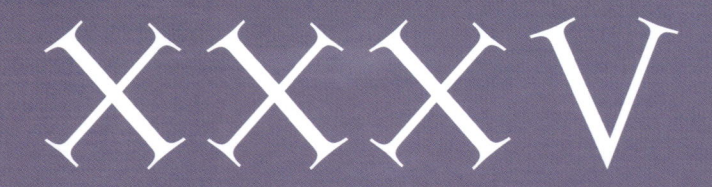

Nem sempre o corpo será uma cruz
para a regeneração da alma.
Na maioria das circunstâncias é a
ferramenta com que o Espírito pode
talhar os mais altos destinos.

XXXV

Nem sempre o corpo será uma cruz para a regeneração da alma.

Na maioria das circunstâncias é a ferramenta com que o Espírito pode talhar os mais altos destinos.

Chico Xavier | Emmanuel

XXXVI

A caridade legítima jamais aparece concorrendo aos títulos da gratidão, nunca reclama, não se ensoberbece, não persegue, não se lastima, não odeia e nunca desencoraja a ninguém.

XXXVI

A caridade legítima jamais aparece
concorrendo aos títulos da gratidão,
nunca reclama, não se ensoberbece,
não persegue, não se lastima, não odeia
e nunca desencoraja a ninguém.

Chico Xavier | Emmanuel

XXXVII

Muitos se elevam à grande altura nos domínios da posse efêmera, abusando da terra e do metal que a vida lhes oferece, por algum tempo, e acabam caídos, gritando por socorro, nos escombros das próprias ilusões.

XXXVII

Muitos se elevam à grande altura nos domínios da posse efêmera, abusando da terra e do metal que a vida lhes oferece, por algum tempo, e acabam caídos, gritando por socorro, nos escombros das próprias ilusões.

Chico Xavier | Emmanuel

O sovina da fortuna amoedada retém pedras, metais e papéis de valor convencional que a vida substitui na provisão de recursos à comunidade, mas o sovina da alma retém a fonte da felicidade e da paz, da esperança

XXXVIII

e do bom ânimo que constitui alimento indispensável à própria vida.
O primeiro teme gastar bagatelas e arroja-se à enfermidade e à fome.
O segundo receia difundir os conhecimentos superiores de que se enriquece e suscita a incompreensão ao redor dos próprios passos.

O sovina da fortuna amoedada retém pedras, metais e papéis de valor convencional que a vida substitui na provisão de recursos à comunidade, mas o sovina da alma retém a fonte da felicidade e da paz, da esperança e do bom ânimo que constitui alimento indispensável à própria vida.

XXXVIII

O primeiro teme gastar bagatelas e arroja-se à enfermidade e à fome. O segundo receia difundir os conhecimentos superiores de que se enriquece e suscita a incompreensão ao redor dos próprios passos.

Chico Xavier | Emmanuel

XXXIX

As dores que recebemos são a colheita dos espinhos que arremessamos.

As dores que recebemos são a colheita dos espinhos que arremessamos.

XXXIX

Chico Xavier | Emmanuel

XL

Não desconhecemos que na base do dinheiro é que se fazem os aviões e os arranha-céus, entretanto, é igualmente com ele que se consegue o lençol para o doente desamparado ou a xícara de leite para a criança desvalida.

XL

Não desconhecemos que na base do dinheiro é que se fazem os aviões e os arranha-céus, entretanto, é igualmente com ele que se consegue o lençol para o doente desamparado ou a xícara de leite para a criança desvalida.

Chico Xavier | Emmanuel

CHICO XAVIER

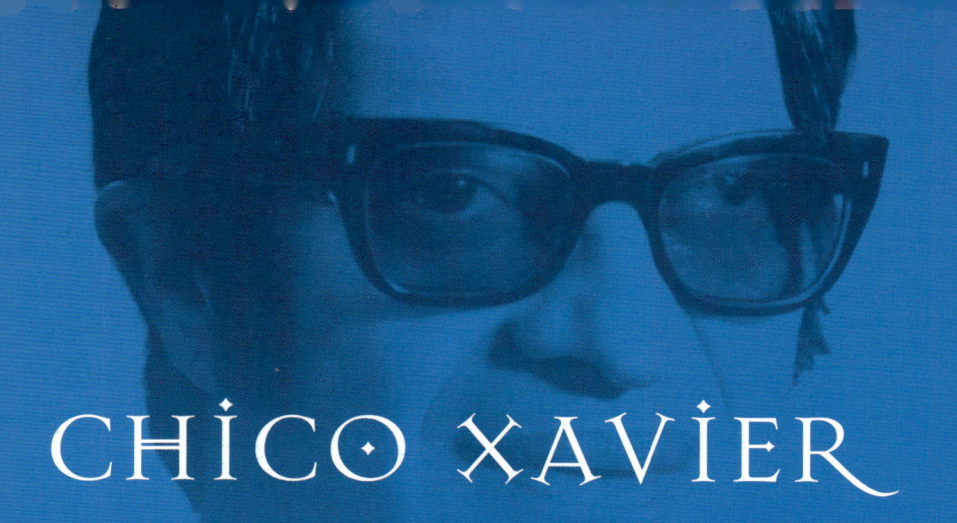

Francisco Cândido Xavier, em sua divina tarefa de 75 anos dedicados à Doutrina Espírita, psicografou 412 obras, com os direitos autorais cedidos a entidades assistenciais.
Com incansável dedicação em benefício dos mais necessitados, atendia, semanalmente, a centenas de pessoas na Vila dos Pássaros, com alimentos e palavras de conforto e esperança, como um dos mais legítimos discípulos do Cristo.

CHICO XAVIER

Francisco Cândido Xavier, em sua divina tarefa de 75 anos dedicados à Doutrina Espírita, psicografou 412 obras, com os direitos autorais cedidos a entidades assistenciais. Com incansável dedicação em benefício dos mais necessitados, atendia, semanalmente, a centenas de pessoas na Vila dos Pássaros, com alimentos e palavras de conforto e esperança, como um dos mais legítimos discípulos do Cristo.

NA SUA MESA...

Utilize este livro como um calendário em sua mesa. Assim, você se lembrará, todos os dias de plantar e regar uma nova semente.

Faça asism:
Vire a capa para trás e amarre as pontas das duas fitas. Depois, é só começar a ler e deixar exposto para que mais pessoas vejam as suas sementes.

CHICO XAVIER
EMMANUEL

SEMENTE

A semente pequenina e a base da floresta

ide